Funambule / Tightrope

Funambule © 2006 Pauline Michel.
Tightrope translations by Nigel Spencer © 2006.
Preface by Jo-Anne Elder © 2006.

Author photo by Steve McCormack.
Editor for the press, Jo-Anne Elder.
Cover illustration by Claude Lapierre © 2005, www.sourismecanique.com
Tent photo by Joe Blades © 2005.
Design and in-house editing by Joe Blades.
Printed and bound by Sentinel Printing, Yarmouth, NS, Canada.

Acknowledgements
Royer, Louis, dir., *Le 11 septembre des poètes du Québec* (Montréal: Trait d'Union,
2002). "Une naissance... / Birth" in *Joy to the World: an EBU Choral Concert Special*
(December 20, 2004) CBC Radio Two broadcast in conjunction with the European
Broadcasting Union. Previous versions of some of these poems have been published
by the Library of Parliament on their website.

The author gratefully acknowledges the support of the Parliament of Canada for the
Parliamentary Poet Laureateship position and for enabling these poem translations by
Nigel Spencer.

Broken Jaw Press Inc.   www.brokenjaw.com
Box 596 Stn A
Fredericton NB E3B 5A6
Canada

Catalogage avant publication de Bibliothèque et Archives Canada

Michel, Pauline, 1944-
[Funambule. Anglais & français]
    Funambule = Tightrope / Pauline Michel ; translations
from the French by Nigel Spencer.

Poèmes.
Texte en français et en anglais.
ISBN-13: 978-1-55391-044-2
ISBN-10: 1-55391-044-3
    I. Spencer, Nigel, 1945- II. Titre. III. Titre: Tightrope.

PS8576.I26F86 2006   C841'.54   C2006-901939-8F

Library and Archives Canada Cataloguing in Publication

Michel, Pauline, 1944-
[Funambule. English & French]
    Funambule = Tightrope / Pauline Michel ; translations
from the French by Nigel Spencer.

Poems.
Text in French and English.
ISBN-13: 978-1-55391-044-2
ISBN-10: 1-55391-044-3
    I. Spencer, Nigel, 1945- II. Title. III. Title: Tightrope.

PS8576.I26F86 2006   C841'.54   C2006-901939-8E

Funambule / Tightrope

Pauline Michel

TRANSLATIONS FROM THE FRENCH
BY NIGEL SPENCER

Fredericton • Canada

Contents

PRÉFACE

Avec des mots en équilibre entre le poème et le discours
une funambule risque un rêve d'harmonie entre deux mondes
de visions et d'actions
de fictions et de réalités
de poètes et d'hommes d'État
« En guise d'introduction »

Comment faire la part entre le privé et le public, les désirs personnels
et créateurs d'une écrivaine et la volonté d'une citoyenne de
s'impliquer dans la vie publique? Dans ce recueil, intitulé *Funambule /*
Tightrope, Pauline Michel décrit ses efforts pour maintenir l'équilibre
entre sa vie artistique et celle de la poète lauréate du Parlement
canadien. En nous présentant des poèmes créés pour des moments de
grande importance dans l'histoire actuelle, P. Michel rend hommage
au pays et aux gens qui ont façonné le passé et le présent avec leurs
mains, leur esprit et leur cœur. Jusqu'ici, son importante contribution
aux arts, reconnue dans le monde francophone, est demeurée
méconnue du lectorat anglophone. La décision prise par Broken Jaw
Press de publier un certain nombre de ses textes en anglais est un
acte symbolique autant qu'un hommage aux fonctions de cette poète
lauréate du Parlement canadien, qui joue le rôle d'ambassadrice de la
poésie chez nous et à l'étranger.

Les poèmes de ce recueil préservent et protègent l'espoir fragile
de l'harmonie; ils nous démontrent que la reconnaissance et la foi
s'articulent dans les voix des poètes comme dans celles des orateurs,
que la communication et la communauté sont les réalisations d'une
affirmation et d'une promesse: celle de partager nos rêves individuels
et collectifs.

PREFACE

In words that balance poetry and oratory
the acrobat reaches for a dream of harmony between two worlds:
vision and action
fiction and reality
poets and statesmen
"By way of an introduction"

How do we balance the private and the public, the intensely personal longings of a writer's creative life and the desire to be involved in the life of the nation? In *Funambule / Tightrope*, Canada's second Parliamentary Poet Laureate, Pauline Michel describes the juggling act of an artist who has become a public figure. In this collection of poems written for and about occasions of national significance, Michel pays tribute to the land and the people who have helped build the past and present with their hands, minds and hearts. Up until now, her important contribution to the arts, recognized in the French-speaking world, has not been widely available in English. The decision by Broken Jaw Press to publish a number of her books into English is an important symbolic act, as well as a fine tribute to the role of Parliamentary Poet Laureate, who serves as an ambassador of Canadian poetry at home and abroad.

These poems preserve and protect the delicate hope of harmony. They show us that gratitude and faith can be articulated both in the voice of poetry and the words of speech-makers, that communication and connection are the fulfillment of the promise of our ancestors. In speech, there is a coming together of individual and collective dreams:

Avec nos jeunes et nos vieux mots
—ceux qui traversent l'histoire
nous prouvons que nos ancêtres avaient raison
de croire en nous
Nous sommes là
de paroles et de foi
nous sommes encore là...
« La Fête du Canada : Hommage aux francophones de l'Ouest »

Pauline Michel est une artiste reconnue dont l'œuvre embrasse plusieurs genres et plusieurs styles. Auteure de textes de poésie, de théâtre, de romans, d'essais et de littérature pour la jeunesse ainsi que de chansons et d'une comédie musicale, elle est également comédienne et chanteuse. Elle a été enseignante ainsi que conceptrice d'émissions de télévision. À travers son travail auprès de publics divers, elle a toujours témoigné de la valeur inégalée des arts pour le progrès humain, de l'idée que la création de la poésie est un acte de paix et de justice pour toutes les générations. Elle transmet sa passion et sa tendresse envers les êtres dans tous les projets qu'elle entreprend : c'est le point commun ses multiples activités artistiques depuis ses débuts. Dans un des poèmes tirés du recueil, elle nous encourage à réfléchir à ce qui importe dans la vie :

Sortez vos pinceaux, vos musiques et vos mots
et amusez-vous avec les enfants
en les fixant bien dans les yeux
pour contempler NOTRE futur...

Il ne reste de la vie
que des moments de poésie
comme d'éternels recommencements
« Un nouveau départ »

With our young words and our old
those that cross through history
we prove the ancients right
when they believed in us
for here we are
in words and in faith
yes, here we still are . . .
"Canada Day"

Pauline Michel is an accomplished artist whose work spans several genres and fields. She has written works of poetry, theatre, fiction, nonfiction and children's literature, as well as songs and a musical; she is also an actress, a singer, a dancer and a former teacher, and has created television shows. She has shared her conviction that the arts are of unequalled importance for the progress of humanity, that poetry-making is an act of peace and justice, with people of all ages. Her passion and tenderness comes through in everything she does, linking together the body of creative work she has offered us for many years. In one of the poems in this collection, she urges us all to consider what matters:

So get out your brushes and music and words
and enjoy your children
and when you gaze in their eyes
envision our future there . . .

What endures of life
are moments of poetry . . .
our eternal beginnings
"A New Beginning"

Funambule / Tightrope aspire à un équilibre entre le regard personnel et la vision collective, bien que, pour la funambule qui s'y meut, la corde semble parfois tendue à l'extrême :

> *Dans le cirque de la vie*
> *elle s'aventure encore*
> *le temps de son numéro*
> *son souffle soumis à un fil et à une horloge rigides*
> *avec en sa tête heureuse*
> *l'image contrastante*
> *de la montre molle de Dali*
> *où s'enfoncent en douceur ses pas et son cœur*
> *« En guise d'introduction »*

Cette tension, de même que la présentation côte à côte de ces poèmes écrits par une femme d'Asbestos au Québec et traduits par un traducteur littéraire de grand talent (un Anglophone qui réside en Estrie), nous livre un autre jeu d'équilibre typiquement canadien: celui de jongler avec deux nations et deux langues, et souvent deux mentalités différentes face à l'univers.

—Jo-Anne Elder, Fredericton, 2006.

Funambule / Tightrope achieves the delicate balance between the inner eye and the collective vision, but for the woman walking it, the line sometimes seems to be pulled unbearably tight:

> *Once again she takes the risk*
> *venturing onto life's circus stage*
> *long enough for one brief act*
> *her breath hanging by a thread*
> *from a rigid time clock,*
> *in her giddy head*
> *a very different image*
> *that of Dali's soft watch*
> *as her feet and heart float down*
> *"By way of an introduction"*

This tension, and the face-to-face presentation of these poems, written by a woman born in Asbestos, Québec and translated by one of English Canada's most talented translators of poetry, set us before another metaphor, the distinctly Canadian balancing act of juggling two nations and two languages, two often very different ways of being in the world.

—Jo-Anne Elder, Fredericton, 2006.

INTRODUCTION

J'ai eu le grand bonheur d'être choisie poète lauréate du Parlement du Canada en 2004.

Mais quel est donc le mandat d'un poète parlementaire? Cette question, je me la suis bien sûr posée, comme vous le faites aussi sans doute.

Après la joie qui a suivi ma nomination et la course folle pour satisfaire la curiosité des médias, j'ai vite constaté que le besoin de poésie était bien réel, qu'un rien le déclenche, quel que soit notre âge. Un exemple chez les tout-petits? Je suis devant eux, je leur demande de regarder leurs mains ouvertes, d'en observer les lignes. M'adressant à chacun d'eux : « Sais-tu que toi seul sur la terre a ces lignes écrites dans les mains? Personne d'autre! Ces lignes écrivent ton histoire à toi tout seul. Rapproche tes deux mains, ferme et ouvre, ferme et ouvre... Tu vois, c'est un livre. C'est le livre de ta vie. Personne n'a ton histoire ». En faisant cela, je dis aux enfants que leur vie est rare et unique, que leur histoire a une grande valeur et qu'ils doivent être curieux jusqu'à la fin. Je les encourage aussi à traverser les étapes difficiles, comme une page qu'on tourne, parce que l'espoir doit nous habiter.

Une travailleuse sociale m'a un jour demandé ce que je comptais faire durant les deux années de mon mandat. Je lui ai répondu : « Je voudrais travailler auprès des gens de tous les âges pour montrer le pouvoir libérateur des mots, la beauté de l'expression de notre unicité, pour que l'épanouissement de chacun embellisse un peu le monde. Rien de moins! » Puis j'ai éclaté de rire. Mais elle, elle n'a pas ri, pas ri du tout... Tristement, elle m'a confié : « Mes adolescents se mutilent. Ils se blessent volontairement eux-mêmes. Nous avons constaté qu'ils le font beaucoup moins quand nous leur donnons un moyen artistique pour exprimer leur douleur. Viendrez-vous les

INTRODUCTION

I had the great privilege of having been named the Parliamentary Poet Laureate of Canada in 2004.

But what, exactly, is the role of a Parliamentary Poet? I've asked myself this question, obviously, just as you are probably doing right now.

After experiencing the joy of being named to the position and the mad rush to respond to requests of curious media, I quickly realized that the need for poetry is something real, that the smallest thing sets it off, whatever our age. To give an example of how it works with small children—I stand in front of them, and I ask them to look at their open hands, to observe the lines. Asking each one of them individually: "Do you know that you are the only person on earth to have these lines written in your hands? No one else has the same ones! These lines write your own very own life story. Bring your two hands together, close them and open them, close them and open them . . . You see, it's a book: the book of your life. No one else has your story." By doing this exercise with the children, I'm telling them that their life is rare and unique, that their story is valuable, and that they need to remain curious about it right to the very end. I encourage them to persist through the difficult moments, like a page that we turn, because hope must inhabit us.

A social worker asked me one day what I planned to do during my two-year term. I answered her: "I'm going to work with people of all ages, to show to them how powerful words are, how they can free us, how beautiful the expression of our uniqueness is and how it helps each of us grow and fulfill our promise and, at the same time, makes the world a little more beautiful. Nothing less than that!" Then I started laughing. But she didn't laugh. Not at all . . . With sadness in her eyes, she said: "My teenagers hurt themselves. Deliberately.

rencontrer?» J'irai, c'est certain. Je préfère leur donner des mots que des couteaux…

Des demandes de cet ordre, j'en reçois souvent.

Chacun de nous possède ses empreintes intérieures : dans sa sensibilité, ses rêves, son imaginaire. C'est là que se révèle l'unicité d'une personne. Mais le fait d'être unique nous rend seul ; aucun langage quotidien ne peut exprimer tout ce qui se passe en quelqu'un. Les formes uniques que prennent les sentiments—la joie, la peur, la douleur, l'inquiétude, les désirs, les déceptions—doivent choisir leurs mots pour vraiment résonner dans l'existence d'un autre. Pour rompre la solitude inhérente au fait d'être unique, il faut la poésie sous toutes ses formes. C'est le début de la re-connaissance de soi, de la communication, de la compréhension des autres, de l'harmonie.

C'est ce que j'appelle, à une consonne près, la POÉVIE! Oui, pour moi, la poésie, c'est la vie, c'est la vue, c'est la voix, c'est le va-et-vient de quelqu'un qui cherche sa forme personnelle d'action et de bonheur, c'est le goût du vin et du divin, c'est l'euphorie du vent dans les voiles. Où vont les rêves? En avant de nous, pour nous guider vers un idéal humanitaire de solidarité et de paix.

Une âme d'artiste dort en chacun de nous. Quand nous l'ignorons, elle nous rattrape dans nos rêves, nos désirs ou nos cauchemars. Dans notre incapacité à recevoir, à partager, à transformer, à engendrer la vie et non la mort. La compréhension, non l'intolérance ; la tendresse, non le cynisme ; la douceur, non la violence.

Il faut se donner, qui que l'on soit, une ouverture aux mystères essentiels de l'existence. Un poème, une danse, une chanson, une peinture, une sculpture expriment la sensibilité, l'esprit, la sensualité, la globalité d'une personne faite d'émotions, de pensées, de sensations, de sentiments, de prémonitions. On ne peut nier cette globalité de l'être sans le mutiler.

They cut themselves; mutilate themselves. We've noticed that they do it much less often when we give them some creative outlet to express their pain. Will you come and talk to them?" I will go. I certainly will. I prefer to give them words rather than knives.

Requests like this come to me fairly often.

Each of us is deeply imprinted as if by individual fingerprints. Our ways of being, dreaming, imagining make us unique as people. But being unique also makes us feel alone; no everyday language can express everything that happens to a person. The unique shape of our emotions—joy, fear, pain, worry, desire, disappointment—needs to choose its words in order to really resonate in the existence of another person. To break through the solitude inherent in being unique, we need poetry of every shape and size. That's the beginning of re-learning who we are, how to communicate, how to understand others and how to live together harmoniously.

This is what I call, in French, *POÉVIE*: Poetry + Life. In French, only a small change, one consonant, is needed to give life to poetry. Yes, poetry for me is vitality, vision, voice, the voyage of someone who is looking for his or her own personal form of action and happiness, it's the taste of wine and the divine, the euphoria of wind in the sails. Where do dreams go? They move ahead of us, to guide us towards a humanitarian ideal of solidarity and peace.

The soul of an artist lies in each one of us. When we ignore it, it comes back to claim us in our dreams, our desires and our nightmares; in our inability to receive, to share, to transform, to generate life and not death; understanding, not intolerance, tenderness, not cynicism, kindness, not violence.

We have to give ourselves, whoever we are, a way to open up to the essential mysteries of our existence. A poem, a dance, a song, a painting, a sculpture express our sensibility, our spirit, our sensuality, the whole person with emotions, thoughts, sensations, feelings,

J'y crois en cette re-création et cette ré-création du monde, en la re-naissance de toute une époque par une approche émotive, créative, artistique de la vie.

C'est dans cette aventure exaltante, à la fois sociale et artistique, que j'ai décidé de vivre mon mandat de poète du Parlement. Parce que je crois sincèrement qu'ensemble nous pouvons changer les choses.

Alors, quel est le mandat d'un poète parlementaire?

Avec humour, je me dis qu'il devrait être à la fois le ministre de l'Intérieur de l'âme humaine, le ministre des Ressources invisibles, pour ne pas dire le ministre des Richesses impalpables... puisqu'il vit lui-même d'amour et d'eau fraîche!

—Pauline Michel

premonitions. We can't ignore that wholeness of being without mutilating humanity . . .

I believe in this recreation and in the recreation of the world, in the rebirth of a whole new era that can be remade by choosing an emotional, creative, artistic approach to our lives.

It's with this kind of exaltation, into this adventure both social and artistic, that I decided to throw myself into the role of Poet Laureate. Because I sincerely believe that together, we can make change.

So—what is the mandate of the Parliamentary Poet Laureate?

With a bit of humour, I would say that it is to be at once the minister of interior affairs of the human soul, the minister of invisible resources, not to mention the minister of impalpable wealth . . . because this person lives on love and air.

—Pauline Michel

En guise d'introduction...

Avec des mots en équilibre entre le poème et le discours
une funambule risque un rêve d'harmonie entre deux mondes
de visions et d'actions
de fictions et de réalités
de poètes et d'hommes d'État
de femmes de lettres et de mères de l'avenir
engendrant ensemble l'abécédaire de la paix
de la justice et de l'amour

Dans le cirque de la vie
elle s'aventure encore
le temps de son numéro
son souffle soumis à un fil et à une horloge rigides
avec en sa tête heureuse
l'image contrastante
de la montre molle de Dali
où s'enfoncent en douceur ses pas et son cœur

By way of an introduction

In words that balance poetry and oratory
the acrobat reaches for a dream of harmony between two worlds:
vision and action
fiction and reality
poets and statesmen
women of letters, mothers of the future
together giving birth to the alphabet of peace
of justice and of love

Once again she takes the risk
venturing onto life's circus stage
long enough for one brief act
her breath hanging by a thread
from a rigid time clock,
in her giddy head
a very different image
that of Dali's soft watch
as her feet and heart float down

UNE NAISSANCE...

Dans l'une des salles du Parlement, fabuleusement illuminé pour l'occasion, la fête de Noël fut célébrée, le 17 décembre 2004. Beaucoup de gens de la Bibliothèque du Parlement, fascinés par les mots, m'offraient en cadeau leur écoute. Quelques jours plus tard, ce texte a été diffusé à travers le monde par CBC Radio Two, en collaboration avec le réseau European Broadcasting Union, lors de l'émission *Joy to the World* (le 20 décembre 2004).

Joyeux Noël... Merry Christmas... Féliz Navidad

Mon beau sapin
décoré de nombreux Noëls
aux branches des souvenirs
de guirlandes de mots douillets
roucoulant de désirs
d'un appel gourmand de bonheur
dans l'éclat des yeux brillants
et des chandelles guettant les heures
sur la nappe de dentelle
de la nuit blanche

Noël

BIRTH

In a hall of Parliament, fabulously lit for the occasion, Christmas was in full sway on December 17, 2004. Many of those working in the Library of Parliament, fascinated with words, offered me their attention. A few days later, CBC Radio Two broadcast this poem around the world during the annual concert presented in conjunction with the European Broadcasting Union, *Joy to the World: an EBU Choral Concert Special* (December 20, 2004).

Merry Christmas . . . Joyeux Noël . . . Féliz Navidad

Oh Christmas tree
whose branches hold
the memories of Christmases past
the garlands of tender words
purring with longings
and the delicious appetite for happiness
in sparkling eyes
and candles flickering in watch
on the lace tablecloth
of a snowy night

Noël

Les chants de ma mère
se mêlent aux larmes de mon frère
écoutant des gospels déchirants
sous le regard humide de mon père
jouant l'harmonica de son enfance
pour toucher le cœur
de sa belle et de ses descendants
descendants du vent
dans les fleurs
descendants du temps
dans les cœurs

Les espoirs de mes sœurs
se dressent en ultime prière à l'amour
recueilli dans les mains de la beauté
à contempler
à chanter

Berceuse féminine
refusant la guerre
Faut-il du sang sur les fleurs
Faut-il du temps sur nos peurs
Faut-il des cris sur les rancœurs?

Noël

My mother's songs
flowing with my brother's tears
at the heartbreaking gospel sounds
Father's moist eyes as he plays
the harmonica of his younger days
to stir the heart of his beloved
and all the generations to come
generations of the wind
in the flowers
generations of hours
in hearts

My sisters' hopes
rise up in love's greatest prayer
gathered in the hands of beauty
to be contemplated
and to be sung

A woman's lullaby
to refuse all war
Must there be blood on the flowers?
Must there be time to weigh on our fears?
Must there be cries to hang on our bitterness?

Noël

Enveloppé de neige et de froid
et que sais-je
d'un instinct sacré
aux multiples voix
si colorées dans le silence
si harmonieuses dans la coexistence
des mondes en suspens dans la paix

Une douce pause
dans l'attente d'une chorégraphie moderne
sur la musique universelle des ondes
chassant les ombres dans la lumière
d'une peinture sans frontières
couverte d'étoiles lumineuses
dans la nuit des conflits
dans la nuit en confettis
blanche de neige
blanchie de tous les tourments

Un monde si doux
dort en chacun de nous

Joyeux Noël! Merry Christmas! Feliz navidad!

Une caresse remue le monde...

Surrounded by snow and cold
and who knows?
a sacred instinct
with many and multicoloured voices
in the silence
harmoniously coexisting
worlds suspended in peace

A sweet pause
awaiting a modern choreography
set to the universal music of waves
and scattering shadows from the light
in a painting with no borders
covered in the brightest of stars
in a night of conflict
in a night of confetti
white of snows
cleansed of torments

A world so gentle
lies in each one of us

Merry Christmas! Joyeux Noël! Feliz navidad!

A caress to awaken the world

SUR UN FIL DE FER

Le lendemain de la fête de Noël au Parlement, j'étais
encore sous l'effet de la joie partagée. Sur le chemin du
retour d'Ottawa à Montréal, j'ai refait le trajet jusqu'à mon
enfance...

Sur les lignes de son cahier d'écolière
marche une étrange funambule
C'est une vieille enfant
suspendue sur le fil tendu de ses jeunes rêves ridés

Dans son monde forain
fort intérieur
elle avance sur un fil de fer et de féeries
dans un éclatement de couleurs et de mondes réels et inventés
sous ses yeux
sous ses pieds
attentivement placés l'un devant l'autre
pour ne pas chuter

Et ses mains très occupées
jonglent avec les sons, les mots, les impressions
les feuilles et les flocons
les musiques et les illusions
déjouant les saisons pour attirer l'éternité
dans un doux délire d'émotions
hantées par une indicible beauté

TIGHTROPE

A day after the Christmas celebration, I was still feeling the effects of all this shared joy. On the way back to Montreal, I also travelled back to my childhood.

Between lines of her exercise book,
a strange acrobat walks the tightrope
an aged child
suspended on the thread of wrinkled young dreams

In her carnival world
deep inside
her ferrous thread leads to fairy worlds,
real and fantastic, bursting in firework colours
beneath her eyes
beneath her feet
cautiously placed, first one, then the next,
so as not to fall

Her busy hands juggling
sounds and words and impressions,
leaves and flakes,
music and illusions,
out-manoeuvring the seasons to draw eternity
in sweet delirium of feelings
haunted by indescribable beauty

Avec son crayon comme poteau de vieillesse
comme bâton de jeunesse
elle plonge sa main dans le ciel
barbouille parmi les astres
des histoires insolites
pour enjoliver ses nuits tourmentées

Illuminés
ses yeux jettent un regard sur l'ailleurs et l'ici-bas
et un grand éclat de rire
jaillit dans sa voix

Elle sait où elle va
elle le sait depuis ses cinq ans
quand elle marchait sur le garde-fou du deuxième étage
cherchant sa double et douce folie
dans ce risque démesuré
cet équilibre précaire
ce contrôle nécessaire
pour ne pas basculer dans la mort dès l'enfance

Attirée par les mystères
elle pouvait à tout instant culbuter
tomber dans l'envers du monde
de l'autre côté des choses
où naît l'invisible
de l'autre côté du ciel
loin derrière les nuages
lourds comme des paupières
pour enfermer ses personnages dans un troublant sommeil
ses personnages emmurés entre les parenthèses de ses mots

Her pencil a cane to lean on in old age . . .
youth's walking stick too,
her hand plunges into the sky
to scribble fresh stories
amid the stars
and lighten her nights of torment

Her eyes alight,
fixed on the here and the elsewhere
and her voice bursts
into a roar of laughter

She knows where she's headed
she's known since she was five,
walking along the second-floor handrail
reaching for her other self, sweet craziness
in this unplumbed risk
this dangerous balance
and necessary control
to keep from tumbling into childhood death

Drawn by mysteries
at any time she could catapult
and fall to the underside of the world,
the flipside of everything
where the invisible is born,
the other side of heaven
far behind the clouds
heavy as eyelids
that enclose her characters in troubled sleep,
characters walled up between parentheses in her words

ou rayés à mesure
ou détruits en milliers de morceaux de papiers déchirés
tombant en neige de silence
sur sa vie
pour la réduire au froid et à l'hiver

Puis un jour
à force d'entendre ses appels
ceux qui respirent derrière les nuages
peut-être
ont libéré ses personnages
qui ont commencé à danser
dans l'éclaircie de sa vie
à jongler à leur tour avec le sens de ses jours

Elle les a reconnus à leur exaltante présence

Longtemps
ils ont tenu le fil fictif pour qu'elle avance
sur le fil de «faire-ses-rêves»
un fil de fée ou de féeries
un fil fébrile
comme la corde d'une funambule
un fil fiévreux
comme le filament sonore d'une somnambule
mince et infidèle comme une ligne de vie
dans les mains d'une gitane fascinée
par le cirque imprévisible des existences

or crossed out as she goes along
or shredded in a thousand bits of paper
falling in a snow of silence
on her life
to submit her to winter and cold

Then one day
perhaps after hearing
her many appeals,
those who breathe behind the clouds
set her characters free,
and they started to dance
in the clearing of her life,
for it was their turn to juggle
with the meaning of her days

She knew who they were by their exaltation

For so long
they held the fictive wire for her to creep along
a thread of dreamweaving
a ferrous thread of fairy worlds
a febrile thread
like a tightrope walker's
a feverish thread
like a sleepwalker's filament of sound
thin and tenuous as a lifeline
in the hands of a gypsy enthralled
by the unforeseeable circus of existence

BAL DE NEIGE

Pour le Bal de neige d'Ottawa, le 4 février 2005, on m'avait
proposé un défi de taille, puisque je devais à la fois créer une
atmosphère d'euphorie pour la fête et respecter la douleur de
ces soldats ayant souffert durant la guerre. Devant moi, une
foule festive. Sur la scène, à mes côtés, un vétéran de 83 ans
plongé dans des souvenirs pénibles mais luttant encore pour
l'espoir.

Il y a des matins
où le ciel est si rose
qu'on dirait que des myriades d'oiseaux
ont trempé leurs ailes dans l'aurore
avant de s'envoler

Il y a des soirs
où les couchers de soleil sont si rouges
qu'on dirait que des centaines de soldats
y ont versé leur sang
avant de s'endormir…

Il y a des combattants si courageux
que le ciel redevient bleu
paisible et clair
après nos guerres et leurs blessures

Merci à eux
aux vétérans

WINTERLUDE

At Winterlude, in Ottawa, Feb. 4, 2005, I faced the
double challenge of creating a euphoric atmosphere for this
celebration and showing respect for the pain undergone
by these soldiers in war. The festive crowd was before me.
Onstage beside me was a veteran, 83 years old, filled with
painful memories, but also fighting for hope.

There are mornings
the sky is so pink
you would think multitudes of birds
had dipped wings in the dawn
before flying away

There are evenings
the twilight is so red
you would think hundreds of soldiers
had spread their blood on its canvas
before drifting away

There are skies blue once more
so calm and so clear
from the courage of fighters
after their wounds and our wars

And so we thank them
these veterans

Ce soir, c'est la fête de la mémoire
où leurs noms sont écrits à l'encre indélébile

Ce soir, c'est la fête de l'espoir
où les nôtres s'inscriront dans la création d'un monde meilleur

Que nos chants de joie et de paix bercent le ciel!

Tonight is a festival of memory.
Their names will be writ indelible.

Tonight is a festival of hope.
Our names will be inscribed in a finer world.

May these heavens be cradled in songs of peace and of joy.

UN NOUVEAU DÉPART

J'ai écrit ce texte pour saluer le départ de monsieur Richard
Paré, bibliothécaire parlementaire. Le 13 avril 2005, il
quittait ses fonctions après de nombreuses et fructueuses
années de service.

Partir au printemps
libre comme à cinq ans
comme avant les horaires
gardant vos heures prisonnières
comme avant l'âge de l'écriture
avant tous ces papiers pour tracer votre identité
sans cesse, jour après jour
durant de longues années de maturité
de responsabilités
choix après choix
joies après peines
peines après joies

Libre enfin de toutes ces contingences
libre comme durant l'enfance
mais plus riche encore du doux poids de la souvenance
de ces âmes humaines
où vous avez plongé
en les fixant profondément

A NEW BEGINNING

This was written on the retirement of Monsieur Richard
Paré, Parliamentary Librarian, on April 13, 2005, leaving
behind him many fruitful years of service to Parliament.

To leave in the springtime,
free as a five-year-old,
before grids and timetables
imprisoned your hours
before writing and paper
tracked who you were
ceaselessly, day after day,
through all those adult years
of responsibility
choice upon choice
sadness upon joy
and joy upon sadness

Free now of all these constraints
free as the child you once were
but richer still for the sweet burden of memory
of the souls you've plumbed
with your deep gaze

Si tous ces yeux connus
étaient présents en même temps
il y aurait un océan de regards
pour surveiller votre nouveau départ
votre recommencement
sous votre éclatant soleil couchant

Si toute la chaleur des mains serrées avec sincérité
jaillissait en même temps
une île tropicale vous entourerait sûrement
vous, votre femme, vos enfants et petits-enfants
vos descendants jouant aux humains et aux dieux
avec de jeunes rêves d'espoir dans les yeux
pour revoir le monde à leur façon
le réinventer avec leurs cris, leur foi, leurs rires et leurs chansons

Les fleurs semées ne cessent d'engendrer

Les pas posés entre la tête et le cœur
mènent très loin, ailleurs

Chaque éclat de voix
tourne en changement ou en joie
Parler fort, rire fort
secoue la monotonie
du silence accepté en compromis
dans la tiédeur du gris
Laissons éclater les couleurs multiples des printemps!

If all these familiar eyes
could be brought together
at the same time
there would be an ocean of glances
to see your new beginning
watch you starting over
under a brilliant sunset

If all the warmth of hands
clasped so sincerely
were pressed together at one time,
there would be a tropical island around you,
your wife, your children and your grandchildren,
your descendants to play
at being humans and gods,
with eyes full of young and hopeful dreams,
to remake the world as they see fit,
and reinvent it, with their cries and faith and laughter and songs

Flowers planted and ever growing

Every step taken from head to heart and back again
leads so far away

Every voice that breaks out
brings with it change or joy;
strong voices, strong laughs
shaking the silent monotony
taken as compromise
both grey and tepid
Oh, let rainbow colors to burst out in spring!

Rien ne se perd
ni dans la matière
ni dans les sentiments
Tout sert à engendrer un autre présent
rutilant comme jamais auparavant

Maintenant vous aurez le temps...

Le temps dans les mains d'un libraire
changera le sens de l'écrit
Vous aurez le temps d'entendre les ruisseaux couler dans les mots
vous verrez les soleils se lever et se coucher sur des lignes d'horizon
Vos pages de livre de méditation s'envoleront comme des papillons

La nature épousera toutes vos formes d'émotions et d'expression!

Sortez vos pinceaux, vos musiques et vos mots
et amusez-vous avec les enfants
en les fixant bien dans les yeux
pour contempler NOTRE futur...

Il ne reste de la vie
que des moments de poésie
comme d'éternels recommencements!

Nothing is truly lost
in matter
or in feelings
all coming together to engender a new kind of present
more brilliantly coloured than anything ever was

Now you will be given time . . .

For a passionate reader, time
can alter words and meanings
You will have time to hear words ripple in streams
to see the sun rise and set on its horizon of lines
your contemplative pages butterflying away

Nature will lend itself to all emotions and expressions

So get out your brushes and music and words
and enjoy your children
and when you gaze in their eyes
envision our future there . . .

What endures of life
are moments of poetry . . .
our eternal beginnings

TANT QU'ON AURA DES YEUX...

Le 31 mai 2005, lors d'un service commémoratif,
l'Association canadienne des ex-parlementaires rendait
hommage à ses disparus en présence des familles éplorées.
Comment parler de la mort devant ceux qui ont perdu un
être cher? Comment parler de cette vie qu'il nous reste?

Pour tous ceux qui sont partis
en laissant des traces en nous et en leur pays
Pour ceux qui restent, aussi...

Tant qu'on aura des yeux
il y aura des fleurs
des lunes de neige
des aubes de feu
des feuilles naissantes ou mourantes
dans les saisons de nos mains
des vents échevelés dans le pollen de nos rêves les plus fous
des regards d'éternité
gravés dans le cœur comme dans une mémoire de pierre
des humains aimés qu'on ne saurait jamais oublier

Tant qu'on aura des mains
il y aura du velours pour envelopper la nuit
dans la douceur des songes

L'écho tangible d'une voix
Le souvenir soyeux d'un visage
un battement au cœur d'une ressemblance

JUST AS LONG . . .

On May 31, 2005, former MPs paid homage to those now departed in the presence of their families. How does one speak of them, of the life that remains, to those near and dear?

For all those who have departed
leaving their imprint on us and our country
And for those who remain . . .

Just as long as we have eyes
there will be flowers
snowy moons
and fiery dawns
leaves budding and fading
in the seasons of our hands
dishevelled winds amid the pollen of our dizzying dreams
glances in eternity
etched in the heart like memory-stone
of beings loved and never forgotten

As long as we have hands
night will be velvet-wrapped
in soft and waking dreams

Palpable echo of a voice
Silken memory of a face
heartbeat of resemblance

Tant qu'on aura quelqu'un à aimer
on sera vivant
malgré l'absence
vivant
même d'une invisible présence

As long as we have one to love
we will live on
through absence
alive
even through our invisible presence

LA FÊTE DU CANADA: HOMMAGE AUX FRANCOPHONES DE L'OUEST

Pendant que le soleil se couchait sur une journée chaude, le 1er juillet 2005, j'étais sur une scène extérieure dans un parc de Gatineau : c'était la Fête du Canada. J'y ai présenté le poème d'ouverture de la soirée. Des francophones de tout le pays étaient regroupés pour célébrer une langue toujours vivante.

Ce soir, je veux vous raconter une toute petite histoire qui mène à notre histoire, mine de rien...

J'ai trouvé un berceau de poupée
abandonné au coin d'une rue

Je ne pouvais résister
à l'envie de l'emporter

J'y ai transplanté des pensées
des impatientes et des fougères effarouchées
et maintenant je berce des fleurs
et des enfances à consoler

(Chanson)
On a l'enfant, l'enfance nous a
On a l'amour, l'amour nous a
On a, on a
On est, on est
On est, on a, on est, on a

CANADA DAY: A SPECIAL TRIBUTE TO THE FRANCOPHONES OF WESTERN CANADA

As the sun was setting on a hot July 1, 2005, I found myself on an outdoor stage in a park in Gatineau: it was Canada Day. My poem opened the evening. Francophones from across the country were gathered to celebrate our language, forever vibrant.

This evening, I want to tell you a little story that leads us, gradually, into our own story, our history . . .

I once came upon a doll's cradle
abandoned on a street corner

I couldn't resist
I just had to take it away with me.

I transplanted thoughts into it
impatience and forget-me-nots
and now I rock baby's breath,
cradling childhoods in need of comfort

(Song)
We have the child, and childhood has us
We have love, and love has us
We have, we have
We are, we are
We are, we have, we are, we have

Je suis maternelle
j'enfante des mots
Je chante la joie, la souffrance
avec ma voix de Nouvelle-France
dans une langue si chantante qu'il faut bien la chanter
notre langue maternelle
si sonore, si belle
ressentie comme une âme
mélodieuse comme une musique
ciselée comme un bijou
vivante comme une chair vibrante

Déjà on l'entendait roucouler
dans le ventre de notre mère
ce nid liquide
où flottent des brindilles
de sons et d'émotions
où flotte une mémoire
remplie d'histoires
de dizaines de générations

La langue est un berceau

On n'oublie jamais les premiers mots
glissés à l'oreille de l'enfance

Avec nos jeunes et nos vieux mots des autres siècles
nous prouvons que nos ancêtres avaient raison
de croire en nous
Nous sommes là
de paroles et de foi
nous sommes encore là...

I am motherly
and give birth to words
I sing out joy and suffering too
in a voice from New France
in a tongue so musical it has to be sung
all mother tongues so sweet in sound
that you feel it like a soul
melodious as music
chiselled as a jewel
alive as a vibrant skin

In the fluid nest
of our mothers' bellies
we heard it cooing
nestled in the twigs
of sounds and feelings
where memory floats
carrying the stories
of so many generations

Language is a cradle

Childhood never forgets
the first words it hears

With our young words and our old
those that cross through history
we prove the ancients right
when they believed in us
for here we are
in words and in faith
yes, here we still are . . .

On dit des flots de paroles
parce que la langue est un cours d'eau
On parle avec des fleurs de rhétorique
parce que la langue est un jardin
On dit: «les paroles s'envolent»
parce que la langue est un oiseau

Avec les mots
On découvre le ciel, la terre, l'air et l'eau
d'autres océans d'enfants
bercés dans le ventre de mères étrangères
chantant d'autres musiques
sur d'autres paroles
de plusieurs langues maternelles
fascinantes d'humanité

Toutes les larmes ont la même couleur
les cris, la même douleur
les rires, la même fraîcheur
les soupirs, la même espérance

Les langues sont des bateaux
pour voguer ailleurs vers de nouveaux espaces intérieurs
où il fait noir, parfois

Mais... la langue est un flambeau

Words come in waves
for language is flowing water
Flowers of rhetoric spring from our lips
for language is a garden
We say, "Words fly away,"
because language is a bird

Words unlock for us
the sky, earth, air and water
of other oceans, of children
rocked in the bellies of different mothers
singing other words
to other music
in many mother tongues
enthralling in their humanity

All tears have one tint
all cries the same pain
all laughter the same freshness
and every sigh the same hope

Every language is a boat
to sail away to inner spaces
though dark they may sometimes be

Yet, language is a beacon

Imaginons, juste un instant, une flamme
une langue de feu
descendant sur nous
une pensée universelle
pour réchauffer le cœur du monde
où nous sommes tous pareils
tous vivants et heureux de l'être
tous en train de construire un avenir sans frontières
pour les enfants de l'univers
pour chanter ensemble la joie d'être nous-mêmes
et de vivre... VIVRE! Vivre ensemble

Imaginons juste un instant...
une émotion comme un vibrato universel
l'écoute étonnée d'un seul cœur humain
battant dans la multitude

La paix dans le monde, enfin!

Imagine, just for a moment, a flame,
a tongue of fire
descending on us
in a universal thought
to warm the heart of a world
where all are one
all fully alive and glad to be
all building a future with no boundaries
for the children of the universe
to sing together the joy of our being
and LIVING, living as one

Imagine just a moment
the astonishing sound of a single human heart
just one beating
amid the multitude
like a universal vibrato of emotion . . .

Peace in the world, at last!

TU ES LUMIÈRE ET TU RETOURNERAS EN LUMIÈRE

Ce texte a été publié, en 2002, dans l'ouvrage collectif intitulé *Le 11 septembre des poètes du Québec* aux éditions Trait d'union. Pourquoi inclure ce texte au présent recueil? Parce qu'en ces temps perturbés, on ne peut s'empêcher de s'interroger et de chercher des solutions pour trouver la paix dans le monde.

Ce matin-là
dans les roses et les jaunes de l'aurore
des milliers de gens plaçaient leurs yeux devant le miroir
pour préparer leur visage jusqu'au soir
pour entrer dans le rituel quotidien

Mille petits gestes de milliers de gens
soumettant leur journée à leurs lendemains

Ils partaient tous pour la grande réunion de la démence
du destin et du hasard

Mais comment le savoir?
Par un pressentiment? Un frémissement?
Un cauchemar de clés et de cartes d'identité trempant dans le sang?

Une voix prémonitoire murmurant :

«Il est inutile, ce matin, de lire l'horoscope de demain…
Aujourd'hui, pour toi, il fera silence
Aujourd'hui, pour toi, ce sera l'absence

LIGHT YOU ARE, AND TO LIGHT YOU SHALL RETURN

This poem was published in 2002, in an anthology entitled
Le 11 septembre des poètes du Québec (Montréal: Trait
d'Union). Why did we include it here? In such troubled
times one cannot help wondering where to find solutions for
peace in the world.

On that morning
in the pinks and yellows of dawn
thousands placed eyes before mirrors,
entered into the daily ritual,
prepared faces to last till evening

A thousand gestures from a thousand people
subduing this day to their tomorrows

All leaving for the convergence of fate
folly and chance

But how can anyone know?
A foreshadowing? A shuddering?
A nightmare of keys and IDs, all soaked in blood?

A voice of premonition that murmurs

"Tomorrow's horoscope is useless this morning . . .
You will know silence today
There will be absence today

Il fera rouge dans la violence
Il fera noir dans les cendres
Il est inutile, ce matin, de choisir des couleurs tendres… »

Une douleur aux tempes, au ventre…

Pourquoi nier cette intuition voulant te retenir à la maison?
Cette envie de courir dans la folle liberté de la fin de la saison?

Aujourd'hui il fallait obéir à ton instinct, à tes chimères

Tu ne dormirais pas ce soir dans un étrange cimetière…

Tu es parti, pourtant
malgré tes pressentiments
Toi et les autres
les uns derrière les autres
vous êtes entrés dans des cages de verre
des tours d'ivoire
partageant de votre mieux votre vie entre l'être et l'avoir
donnant un sourire, un signe de la main
à vos collègues, à vos copains
vivant à peu près la même histoire jusqu'au soir

Soudain
dans un ciel serein
les poings fermés du temps
ont frappé en forme de Boeing sept cents
Coups de poings du moyen âge sur le présent
coups de poings violents
à la face des innocents
à la face d'un pays en larmes et en sang

There will be red for violence
There will be black for ashes
Choosing tender colours is useless this morning"

An ache in the temples, the belly . . .

And why deny this intuition that binds you to home?
This wild desire to run free at the end of the season?

Today you should have followed your instinct, your caprice

And not slept tonight in a strange burial place

Still you did leave
despite all premonitions
you and the others
one following another
you entered glass cages
and ivory towers
dividing your life between having and being
a smile and a wave
to your colleagues and friends
living out much the same stories until nightfall

Then in a serene sky
suddenly
time rolled its fists
into Boeings and struck
punches from the Middle Ages
into the face of the present
the faces of innocents
the face of a country in blood and in tears

Horaire et trajet modifiés
Aujourd'hui vous partiez pour un éternel congé

À bord du même avion
à bord des mêmes buildings
vous étiez tous victimes
commandos suicides
manipulés par les idées fixes et vengeresses de quelques esprits fous
vous convainquant d'être utiles en servant de projectiles
par le charisme démesuré de faux prophètes voulant changer de siècle
Vaillants sujets d'un immense jeu d'échec
que les gouvernants déplacent et dirigent
en louvoyant
en affamant les ventres ou les esprits selon les pays
diffamant les doctrines de justice
biffant des bibles ce qui ne parle pas de feu et de sang
de profit ou d'argent
prêchant la soumission pour garder leur pouvoir de manipulation
utilisant les religions pour provoquer des divisions

Quand la haine sépare le monde en dieux
quand la haine sépare le monde en deux
sous le visage à deux faces de l'amour
sur les lèvres crachant des mots de guerre
pour promettre outrageusement la paix
mentant à des milliards de gens sur l'enjeu de leur vie
de leur mort, de leur foi
faisant briller des buildings à détruire dans le soleil du matin
faisant miroiter l'éternité en récompense d'humains à tuer

A slight change of schedule and route
Today you are taking a trip into eternity

Together, whether in buildings
or in planes,
all of you victims
suicide commandos, marionettes
of obsession and vengeance
a few mission-mad puppeteers
making missiles of you all
aimed at changing centuries
by false charisma-charged prophets
Plucky chess figures you are
in the government game
pawns they push and slide
starving the bellies of some, the souls of others
but slandering justice always
hijacking bibles into gospels of fire and blood
and money and profit
preaching submission to their sheep
for religion to divide and to conquer

When hate separates a world by beliefs
when hate separates a world bereft
wnd adrift between two faces of love,
lips spitting out war that cynically
promise peace
betraying thc billions who've bet their lives
their death, yes, their faith
reflecting glory in the morning sun
and the buildings that must go down before it
promising eternity for the killing of humans

Comment ne pas penser à ces victimes placées des deux côtés
ces victimes de la double face du mensonge et de la vérité
ces victimes armées ou désarmées du pouvoir des sociétés?
Comment ne pas penser qu'elles sont des jouets
dans la main du vent
dans les poings des grands?

Des jouets…
Ici comme ailleurs trop souvent…
Des jouets dans la main du vent…

Maintenant
les paupières battent de l'aile quand un bruit déchire le ciel
Quel geste démentiel nous transformera en oiseau de malheur?
Par quel détour frapperons-nous
les habitants des temples et des tours
sans le vouloir, sans le savoir?

Des jouets…
Ici comme ailleurs trop souvent…
Des jouets dans la main du vent…

Coups de poing en forme de Boeing sept cents
Bombes qui sautent sournoisement
en forme de jouets d'enfants
sur ces terrains minés
dans les jardins de leur jeune désespoir
pour un avenir infirme et une justice tronquée

The paired rows of victims, how could we forget them?
The paired deception of truth and lies
victims armed and disarmed in their own societies?
How can we not see them as toys in the grip of the wind,
squeezed in the fists of the mighty
how can we not know that?

Playthings, far too often
Here and everywhere
Toys in the grip of the winds . . .

And now
eyelids beat a retreat when a noise rips through the sky
And by what deranged act will we become prophets of doom, vultures?
By what deadly detour will we become assassins
of those in temples and towers . . .
unwitting, unwilling?

Playthings, far too often
Here and everywhere
Toys in the grip of the wind . . .

Fists rolled into Boeings
Bombs insidiously shaped like children's playthings
exploding in our minefields
their gardens of hopelessness
their invalid future, their dismembered justice

Leurs yeux se sont fermés aux regards aimés
aux paysages jamais visités
au chant de leur âme unique, détruite ou sacrifiée
pour un concept de société, d'humanité, de divinité

Leurs lèvres ne chanteront plus de berceuses
de mots doux pour l'amour
leurs mains ne caresseront plus
la douceur d'une fleur, d'une peau
leurs rêves dormiront sans tombeaux

Au-dessus des cendres fumantes
planent des milliers de regards au-delà du temps
partent des milliers d'âmes dans un voyage sans paupières
où se rejoignent les disparus de l'Orient ou de l'Occident

Où vont les visions du monde quand les yeux sont vidés?
Où vont les idées quand les crânes sont éclatés?
La mort n'a plus de frontières, n'a plus d'horizon
La mort n'a plus de religion

Ont-ils eu le temps de chuchoter une dernière prière
au seul dieu de la vie qui circule dans nos veines
à même notre sang à déifier?

Tous ces derniers souffles lancés en même temps
peuvent-ils purifier le vent?
Tous ces regards envolés vers la lumière
peuvent-ils nous éclairer?

Their eyes are closed to glances of love,
to landscapes unknown
to the singular song of their souls
laid waste or sacrificed on the altar
of society, humanity, or divinity

No more lullabies on their lips
nor sweet words of love
no more petal-soft caresses
their dreams asleep without tombs

From outside time, above the smoking ashes
glide millions of glances
slide millions of souls
with lidless eyes on a voyage
to reunite the missing from the East and from the West

What visions of the world when eyes have been emptied?
What ideas can there be when heads have exploded?
Death no longer has borders or horizons
Death no longer has religion

Was there time to whisper one last prayer
to the one true god of life in our veins
filled with our blood, which above all is holy?

This chorus of dying breaths
can they cleanse the wind?
This volley of glances searching for light
can they light our way?

Tu es lumière et tu retourneras en lumière

En attendant
il fait noir sur la terre
Peut-on ouvrir les yeux plus grand?

Avec un seul dieu, la Vie
une seule loi, le respect
une seule foi en l'homme
le même vent de l'Orient à l'Occident
une même planète, le présent
un même monde
comblé d'animaux paisibles sous la main caressante du vent
un même monde
frémissant de sucs, de perceptions profondes
de fleurs jouissantes et jouissives
Fleurs de corps permis et de pensées insoumises aux malheurs
fleur d'âme aux pétales de chair
fleurs d'instinct aux étamines intuitives
enveloppes fœtales et florales voluptueuses
pour la naissance d'un monde nouveau.

Demain sera-t-il plus beau?

Light you are and to light you shall return.

The waiting is dark
here on Earth
Can we learn to see more?

Life, the one true god
respect, the one true law
humanity, the one true faith
from the East to the West, a single wind blowing
the present, a single planet
a single world
filled with serene animals and caressed by the wind,
a single world
trembling with sweetness and the deepest of visions,
flowers rejoicing, rejoiced in
Flowers of bodies let be, and of thoughts freed of misfortune
flowers of soul with petals of flesh
flowers of instinct with stamens of intuition
voluptuous fœtal and floral vessels
for the birth of a new world.

Will tomorrow be more beautiful?

À PROPOS DE LA POÈTE

Pauline Michel a enseigné au
secondaire, au cégep et à l'université.
Elle a publié trois romans, un recueil
de poèmes, un recueil de nouvelles,
des livres pour les enfants, des livres
de chansons, des livres scolaires et
a participé à plusieurs collectifs de
nouvelles et de poésie. Elle a aussi écrit
pour le théâtre : *Les sens ensorceleurs,
Chant de visions, Sors de ta cage,
Au fil de l'autre* et *On perd la boule.*
Scénariste, elle a participé à plusieurs
séries télévisées et à quelques films.

Elle a fait plusieurs tournées de poèmes et chansons dans les
écoles, les lycées et les universités au Québec et ailleurs au Canada, en
Europe et en Afrique. Elle a présenté des spectacles pour la remise de
nombreux prix littéraires en France.

En tant qu'auteure-compositeure-interprète, elle a fait cinq
albums, deux pour les adultes et trois pour les enfants.

Elle a obtenu des prix importants, dont le concours Québec
en chansons et la bourse de l'ambassade du Canada à Paris pour la
tournée de l'Atelier imaginaire dans le sud-ouest de la France.

Parmi ses titres, mentionnons *Mirage* (roman), *L'œil sauvage*
(poésie), *Le tour du monde* (chansons), et *Frissons d'enfants/Haunted
Childhoods* (nouvelles), ainsi que deux romans, *Les yeux d'eau* et *Le
papillon de Vénus*, dont les traductions seront publiées par Broken Jaw
Press au cours de 2006 et 2007.

En novembre 2004, elle a été choisie poète lauréate du Parlement
du Canada à la suite d'un appel de candidatures.

ABOUT THE POET

Pauline Michel has taught at the secondary school, college and university level. She has published fiction, poetry, books for children, songbooks and textbooks. She has also written for the theatre: *Les sens ensorceleurs*, *Chant de visions*, *Sors de ta cage*, *Au fil de l'autre* and *On perd la boule*. She has also written and performed in several television shows.

She has enthusiastically taken her songs and poems into schools and universities in Canada, Europe and Africa, and has performed in galas and festivals throughout France.

As a singer-songwriter, she has produced five albums, two for adults and three for children.

Michel won the *Québec en chansons* competition (1980), and she received a grant from the Canadian Embassy in Paris to tour *Atelier imaginaire* through southwestern France.

Among her publications are *L'œil sauvage* (poetry) and the fiction works *Mirage*, *Frissons d'enfants/Haunted Childhoods*, *Les yeux d'eau* and *Le papillon de Vénus*. English translations of the latter two novels will be published by Broken Jaw Press in 2006 and 2007.

Michel was appointed to the position of Parliamentary Poet Laureate in November 2004 following a Canada-wide search.

ABOUT THE TRANSLATOR

Nigel Spencer, living in Lennoxville, Québec was raised in London, England and in Montréal. He has also lived in Toronto and in Conakry, Guinea. He has done subtitling and co-scripting for two award-winning films, including *The Other Side of Mont Royal*, a film about early A-bomb research in Montréal. He is also a theatre publicist, organizer of festivals and conferences, researcher, editor, writer, director and actor. He is a co-founder of *Matrix* magazine and Toronto's Summer Centre Theatre, and has published numerous articles and translations on politics, literature and drama, as well as books of plays and fiction by Marie-Claire Blais and songs by Pauline Michel. In 2002, he was awarded the Governor General's Literary Award for Translation for *Thunder and Light*, his translation of the second volume in Marie-Claire Blais' novel trilogy *Soifs*.

Independent books for independent readers since 1985

cauldron books series
1. *Shadowy Technicians: New Ottawa Poets.* ed. rob mclennan, ISBN-13 978-0-921411-71-0
2. *This Day Full of Promise.* Michael Dennis, ISBN-13 978-1-896647-48-7
3. *resume drowning.* Jon Paul Fiorentino, ISBN-13 978-1-896647-94-4
4. *Groundswell: the best of above/ground press, 1993-2003.* ed. rob mclennan, ISBN-13 978-1-55391-012-1
5. *Dancing Alone: Selected Poems.* William Hawkins, ISBN-13 978-1-55391-034-3
6. *ancient motel landscape.* shauna mccabe, ISBN-13 978-1-55391-041-1

European Poetry Series
1. *Dark Seasons: A Selection of Georg Trakl poems.* ISBN-13 978-1-55391-049-7

Poets' Corner Award Series
1999. *Tales for an Urban Sky.* Alice Major, ISBN-13 978-1-896647-11-1
2001. *Starting from Promise.* Lorne Dufour, ISBN-13 978-1-55391-026-8
2002. *Peppermint Night.* Vanna Tessier, ISBN-13 978-1-896647-83-8
2003. *All the Perfect Disguises.* Lorri Neilsen Glenn, ISBN-13 978-1-55391-010-7
2004. *Republic of Parts.* Stephanie Maricevic, ISBN-13 978-1-55391-025-1

\+

Antimatter. Hugh Hazelton, ISBN-13 978-1-896647-98-2
Cuerpo amado / Beloved Body. Nela Rio, ISBN-13 978-1-896647-81-4
During Nights That Undress Other Nights / En las noches que desvisten otras noches. Nela Rio,
    ISBN-13 978-1-55391-008-4
Eyes of Water. Pauline Michel, ISBN-13 978-1-55391-044-2
Funambule / Tightrope, Pauline Michel, ISBN-13 978-1-55391-044-2
Garden of the Gods. Dina Desveaux, ISBN-13 978-1-55391-016-3
Herbarium of Souls. Vladimir Tasić, ISBN-13 978-0-921411-72-7
Impossible Landscapes, Tony Steele, ISBN-13 978-1-55391-037-4
Inappropriate Behaviour. Tim Lander, ISBN-13 978-1-55391-038-1
Jewelweed. Karen Davidson, ISBN-13 978-1-55391-048-0
Let Rest. Serge Patrice Thibodeau, ISBN-13 978-1-55391-035-0
The Longest Winter. Julie Doiron, Ian Roy, photos + short fiction, ISBN-13 978-0-921411-95-6
Paper Hotel. rob mclennan, ISBN-13 978-1-55391-004-6
Poems for the Christmas Season. Robert Hawkes, ISBN-13 978-1-55391-033-6
Postcards from Ex-Lovers. Jo-Anne Elder, ISBN-13 978-1-55391-036-7
The Robbie Burns Revival & Other Stories. Cecilia Kennedy, ISBN-13 978-1-55391-024-4
The Space of Light / El espacio de la luz. Nela Rio; ed. E.G. Miller, short fiction & poetry,
    ISBN-13 978-1-55391-020-6
Speaking Through Jagged Rock. Connie Fife, ISBN-13 978-0-921411-99-4
Túnel de proa verde / Tunnel of the Green Prow. Nela Rio, ISBN-13 978-1-896647-10-4

www.brokenjaw.com hosts our current catalogue, submissions guidelines, manuscript
award competitions, booktrade sales representation and distribution information. Directly
from us, all individual orders must be prepaid. All Canadian orders must add 7% GST/
HST. CRA Number: 892667403RT0001.
Broken Jaw Press Inc., Box 596 Stn A, Fredericton NB E3B 5A6, Canada.